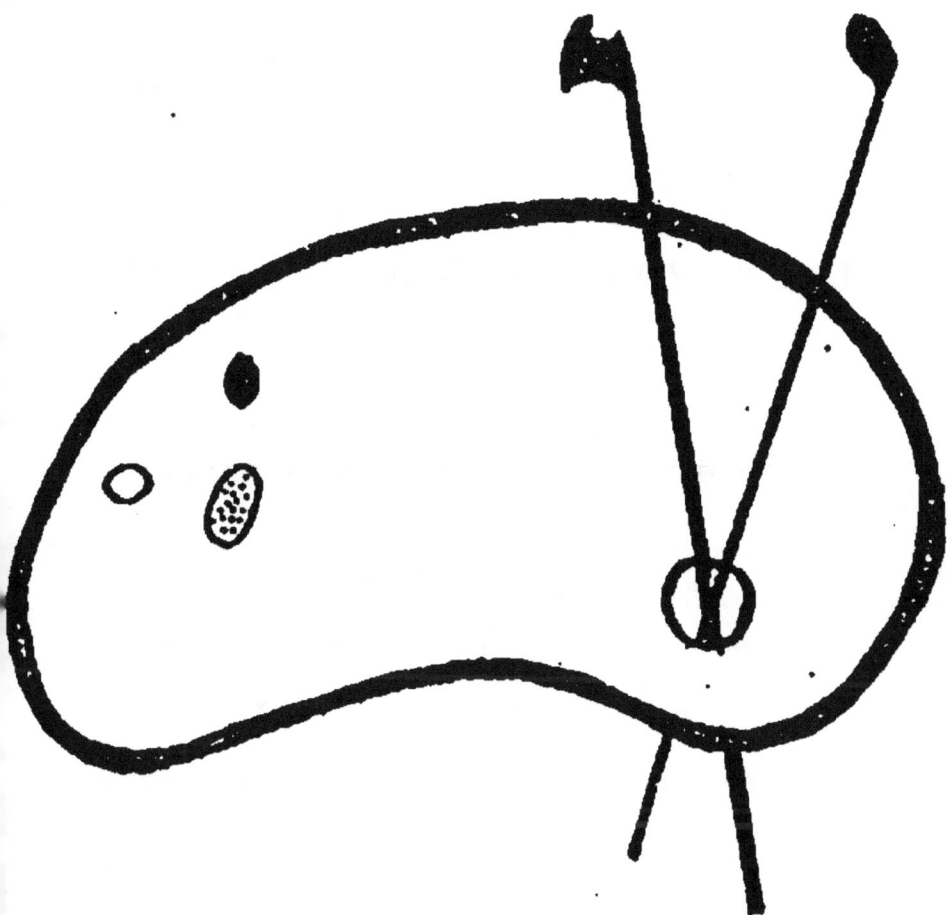

DEBUT D'UNE SERIE DE DOCUMENTS
EN COULEUR

our la Liberté
de Conscience

DEUX CONFÉRENCES POPULAIRES

PAR

M. DARLU
PROFESSEUR A L'ÉCOLE NATIONALE SUPÉRIEURE DE FONTENAY

ET

M. LOTTIN
JUGE DE PAIX
PRÉSIDENT DE LA SOCIÉTÉ RÉPUBLICAINE DE SELLES-SUR-CHER

———

COURONNÉES PAR LA LIGUE FRANÇAISE DE L'ENSEIGNEMENT

———

PARIS
ÉDOUARD CORNÉLY, ÉDITEUR
101, RUE DE VAUGIRARD, 101

———

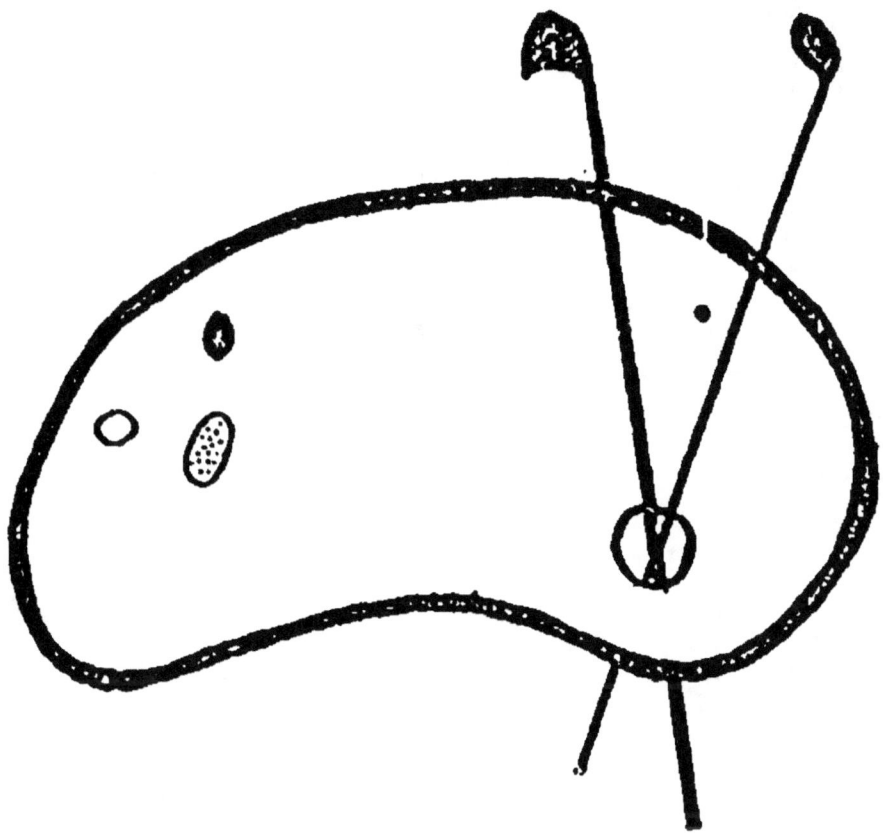

FIN D'UNE SERIE DE DOCUMENTS
EN COULEUR

Pour la Liberté

de Conscience

DEUX CONFÉRENCES POPULAIRES

PAR

M. DARLU

PROFESSEUR A L'ÉCOLE NATIONALE SUPÉRIEURE DE FONTENAY

ET

M. LOTTIN

JUGE DE PAIX
PRÉSIDENT DE LA SOCIÉTÉ RÉPUBLICAINE DE SELLES-SUR-CHER

COURONNÉES PAR LA LIGUE FRANÇAISE DE L'ENSEIGNEMENT

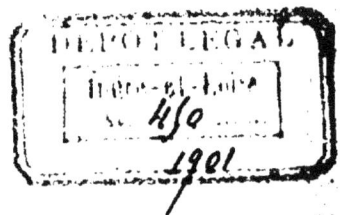

PARIS

ÉDOUARD CORNÉLY, ÉDITEUR

101, RUE DE VAUGIRARD, 101

CONFÉRENCE DE M. DARLU

> Les mauvaises maximes sont pires que les mauvaises actions. Les passions déréglées inspirent les mauvaises actions; mais les mauvaises maximes corrompent la raison même, et ne laissent plus de ressource pour revenir au bien.
>
> J.-J. ROUSSEAU.

MES AMIS,

C'est la chose la plus triste de l'histoire des nations modernes que la violence des haines religieuses qui les ont déchirées; et c'est aussi l'une des plus difficiles à comprendre. On comprend que des peuples entièrement étrangers les uns aux autres, séparés par les croyances, par les mœurs, par l'ignorance même, se sentent ennemis et se heurtent brutalement lorsqu'ils se rencontrent. Quand nous lisons que vers le XIᵉ siècle, les croisés, ayant pris d'assaut Jérusalem, la ville sainte, firent un carnage épouvantable des musulmans, que dans le temple de Salomon ils avaient du sang jusqu'aux genoux, jusqu'aux freins de leurs chevaux, qu'ils continuèrent à tuer pendant huit jours, qu'ils frappaient les femmes et les enfants, qu'ils égorgèrent ainsi soixante-dix mille créatures humaines, l'humanité frémit en nous! Cependant, ce sont là les horreurs accoutumées des guerres lointaines; et puis, nous nous rappelons le génie cruel des musulmans; nous entendons les gémissements de dix millions de chrétiens opprimés par eux en Asie. De nos jours même, nous n'excusons certes pas, nous rougissons d'apprendre, mais nous nous expliquons encore les violences, les massacres commis par des soldats européens là-bas parmi les peuples noirs de l'Afrique, ou sur les Chinois au visage jaune.

Mais que dans la paix, de sang-froid, des hommes, des prêtres souvent, fassent périr leurs concitoyens, leurs frères, parce qu'ils n'emploient pas les mêmes formules pour prier le Dieu commun de tous les chrétiens, celui que leur religion elle-même appelle le « Père céleste », et qui est sans doute le père de tous les hommes sans distinction; que la mort même leur paraisse une expiation insuffisante de l'erreur, et qu'ils y joignent les supplices les plus effroyables, cela soulève le cœur, mais, tout autant, cela confond la raison. Le galant et brillant François Iᵉʳ, allié des Turcs, tenait à rassurer les catholiques de son royaume sur la pureté de sa foi. Que fait-il? Il ordonne de brûler en grande pompe plusieurs malheureux, partisans de la réforme de Calvin et coupables de ne pas croire à la « présence réelle » et à « la transsubstantiation [1] ». En plein Paris[2], sur la place de l'Estrapade, dont le nom témoigne toujours de l'exécution, les victimes sont attachées à de grandes bascules qui tantôt s'élèvent et tantôt retombent sur un vaste bûcher, de manière à les brûler à petit feu. Et c'est seulement quand leur peau sanglante et desséchée, leurs yeux brûlés, leurs membres retirés annoncent qu'ils sont près de perdre le sentiment, qu'on les jette sur les charbons ardents. Voilà une preuve convaincante de « la présence réelle ».

Les apologistes de la religion chrétienne ont coutume d'invoquer ses martyrs en témoignage de la vérité de la foi. Hélas, les chrétiens ont fait mille fois, cent mille fois plus de martyrs que tous les peuples païens n'ont fait de martyrs chrétiens. Depuis le triomphe du christianisme[3] jusqu'à la Révolution française les

1. A la présence réelle de Dieu dans le pain et le vin de la communion.
2. En 1535.
3. En 385, un hérétique illustre par sa naissance, par sa fortune et par son éloquence, Priscillien, est condamné et exécuté à Trèves sur les instances de deux évêques espagnols. C'est le premier crime public de la religion nouvelle.

persécutions religieuses n'ont guère cessé, les bûchers ne se sont pas éteints sur la terre chrétienne, en France, en Italie, en Espagne, pour la plus grande gloire de Dieu. Chez nous, c'est le bon roi Robert, dont l'histoire nous apprend qu'il passait son temps à composer des hymnes et à régler les chœurs de l'abbaye de Saint-Denis, qui paraît avoir inauguré le supplice du bûcher. En 1022, il fit brûler deux prêtres d'Orléans et onze de leurs sectateurs. Le saint roi Louis recommandait « de passer les mesdisants et mécréants à bonne épée tranchante, à travers du corps, tant qu'elle y pourra entrer [1] » et il établit l'Inquisition dans ses Etats. La sainte Inquisition était un tribunal ecclésiastique qui relevait directement du Saint-Siège et qui jugeait souverainement le crime d'hérésie ; les inquisiteurs parcouraient les provinces, recevaient les dénonciations de chacun, même d'un frère, d'un père, ou d'un fils ; le suspect était jeté dans un cachot, privé de toute communication avec le dehors, ses biens étaient saisis, souvent la maison où il habitait était rasée. Il ne restait alors qu'à lui arracher l'aveu de son crime. Pour cela, on le « mettait à la question », c'est-à-dire qu'on lui faisait subir les tortures les plus horribles que l'imagina-

1. Joinville.

tion des hommes en délire ait pu inventer,
par lesquelles la méchanceté humaine a ren-
chéri infiniment sur les douleurs que la nature
nous inflige. Par exemple, on liait le patient,
on l'élevait en l'air et on le laissait retomber au ras du sol, jusqu'à ce que les cordes
lui entrassent dans les chairs jusqu'aux
nerfs; ou encore on lui frottait les extrémités des membres avec de l'huile ou du
lard et on les chauffait jusqu'à ce que la
peau crevassée laissât percer les os de toutes
parts. Les images seules de ces horreurs
sont si affreuses qu'il vaut mieux les éloigner
de notre esprit. Il y avait, paraît-il, jusqu'à
cinq genres de supplices différents dont les
inquisiteurs faisaient usage. Et quand le malheureux avait laissé échapper l'aveu plus
ou moins suspect des sentiments cachés dans
son cœur, il était condamné à être brûlé vif
ou à être muré vivant. La reine Blanche, mère
de saint Louis, fit construire à ses frais, à
Toulouse, une prison des « Emmurés ».

C'est un pape, Innocent III, qui créa le tribunal de l'Inquisition pour extirper du Midi de
la France les restes de l'hérésie des Albigeois
échappés au fer de ses soldats. Malheureuses
provinces du Languedoc! elles vivaient libres,
riches et riantes; elles s'enorgueillissaient
de leurs cités populeuses, de leurs bourgeois commerçants et instruits, de leurs sci-

gneurs plus humains qu'ailleurs. Un esprit général de tolérance avait adouci les mœurs. Des hommes pieux, appelés les *Purs* ou *Parfaits*, exaltaient les sentiments religieux. Mais l'Église de Rome était négligée et quelque peu dédaignée. Le pape précipita sur ses enfants infidèles une soldatesque effrénée qui les écrasa. Le légat Arnaud, qui était à sa tête, en fit égorger, pour sa part, 30.000 d'un coup dans Béziers. Après la guerre, l'Inquisition les décima. Aussi l'hérésie fut éteinte et l'orthodoxie triompha. Mais la France du Midi ne s'est jamais relevée entièrement de l'oppression horrible qu'elle a subie pendant plus de cent ans.

Vous croiriez volontiers, mes amis, oui, nous voudrions croire que ces horreurs sont le propre des siècles barbares, de ce sombre moyen âge pendant lequel les hommes, les hommes du peuple surtout, ont mené une vie si précaire, si lamentable, que c'est merveille comment le genre humain s'est maintenu. Mais, que penserons-nous quand nous les voyons reparaître dans les temps les plus éclairés, les plus polis? Il y a deux cents ans, la France était la nation la plus civilisée et la plus brillante du monde. Dans les sciences, dans les lettres, dans les arts, elle venait de produire, avec une profusion inouïe, des œuvres immortelles qui servent aujourd'hui dans nos écoles à initier nos enfants à la beauté et à la vérité. Elle fixait tous les regards de l'Europe. Elle donnait la loi aux esprits pendant que ses armes l'imposaient aux pays voisins. Les Français de ce temps vivaient, comme nous faisons, paisibles sous la protection des lois. Les pauvres travaillaient aux métiers pénibles dans les villes et dans les champs. Les bourgeois faisaient le commerce. Les gentilshommes de campagne chassaient sur leurs terres. La grande noblesse faisait sa cour au roi, brillait dans les fêtes de Versailles, applaudissait aux vers harmonieux de Racine, ou écoutait les sermons d'une éloquence consommée des Bourdaloue et des Bossuet. Louis XIV était le Roi-Soleil dont le règne rappelait le siècle d'Auguste ; ou, plutôt, les plus beaux siècles de l'antiquité étaient surpassés : fêtes, richesse, gloire, esprit, politesse, galanterie, jamais l'histoire n'avait vu ainsi réuni tout ce qui fait le charme et la beauté de la vie. C'est au moment le plus éclatant de ce règne que la persécution religieuse reprend avec son cortège de crimes hideux. Il y avait environ en France un million et demi de calvinistes, tous attachés à leur religion, mais sujets soumis et citoyens laborieux. Sur un ordre du roi, conseillé par ses confesseurs jésuites et désireux de racheter les désordres de sa jeu-

nesse, aux applaudissements des évêques, qui
le saluent comme un nouveau Constantin[1],
leur culte est interdit, leurs pasteurs sont jetés
à la frontière, leurs temples sont rasés, leurs
écoles sont fermées, leurs enfants, de cinq à
seize ans, leur sont enlevés, eux-mêmes sont
traînés par des dragons à l'église, où le
prêtre les reçoit à la sainte Table. S'ils re-
fusent, la torture leur arrache l'abjuration.
De jeunes mères, dit Michelet, sont liées aux
colonnes de leur lit pendant que leur enfant à la mamelle se tord de faim sous leurs
yeux. La terreur fut telle dans les premiers
moments qu'il y eut des conversions en
masse : en Languedoc, 60.000 en trois jours.
Elles ne pouvaient être sincères. Mme de
Maintenon s'en consolait par cette réflexion
pleine de profondeur : « Dieu se sert de toutes
les voies pour ramener les hérétiques. Les
enfants au moins seront catholiques si les
pères sont hypocrites. » Les persécutés qui
cherchaient à fuir de France étaient envoyés
aux galères. Néanmoins, beaucoup réussirent
à s'échapper : 200.000 environ, l'élite de
la religion réformée. Ils portèrent l'industrie française à l'étranger. Amsterdam leur
bâtit mille maisons. Un faubourg de Londres
fut peuplé d'ouvriers en soie, en cristaux, en

1. Parole de Bossuet.

acier. Berlin devint une ville. Et pendant ce
temps notre commerce était ruiné. L'industrie
des soieries et des tissus perdit 20.000 métiers
sur 26.000. Dans l'Angoumois et.l'Auvergne
les trois quarts des moulins à papier dispa-
rurent, etc... Ce fut pour la France une bles-
sure inguérissable. Tel est le fruit ordinaire
du fanatisme.

Le peuple, hélas ! n'échappe pas à la contagion, et il est aussi prompt à ressentir les
haines religieuses que les princes et les
grands. Cent ans exactement avant la révocation de l'Edit de Nantes, il a donné un exemple
de fureur religieuse, à jamais exécrable, dans
cette journée de la Saint-Barthélemy dont le
souvenir donnait la fièvre à Voltaire à chaque
anniversaire. C'étaient des bourgeois et des
gens du peuple, qui, le signe du Christ au
chapeau, au signal du tocsin sonné par toutes
les églises, dans les ténèbres de la nuit,
avaient envahi les maisons de ceux qu'on
soupçonnait d'hérésie, les avaient égorgés
dans leur lit avec leurs femmes ou pour-
suivis, nus, dans la rue ; on avait tué jusque
dans le Louvre, jusque dans la chambre de la
jeune reine Marguerite, sœur du roi. Le massacre se prolongea pendant plusieurs jours,
et, de Paris, il se propagea en province. On
égorgea les protestants à Meaux le 25 août,
à la Charité le 26, à Orléans le 27, à Sau-

mur et à Angers le 20, à Lyon le 30, à Troyes le 2 septembre, à Bourges le 12, à Rouen le 17, à Toulouse le 20, à Bordeaux le 3 octobre. Et ce qu'il y a peut-être de plus terrible encore que cette boucherie prolongée, c'est l'enthousiasme universel qu'elle excita. Une multitude inouïe de pamphlets, de gravures, de chansons célébrèrent la victoire de la religion. Le Parlement décréta une procession annuelle en commémoration du massacre. De son côté, le pape le célébra en conduisant une procession solennelle de l'église Saint-Pierre à l'église Saint-Louis ; et il fit frapper des médailles pour en perpétuer la mémoire.

Est-ce l'histoire d'une race de loups et de tigres que nous racontons? Non, c'est celle des disciples de Jésus, de celui qui a donné ce grand précepte aux siens : « Soyez miséricordieux comme votre père, qui est aux cieux, est miséricordieux », du maître qui a annoncé sur la montagne la loi sublime de la charité et du pardon : « Vous avez entendu qu'il a été dit (dans l'Ancienne Loi) : œil pour œil, dent pour dent. Mais moi je vous dis de ne pas résister à celui qui vous fait du mal. Vous avez entendu qu'il a été dit : tu aimeras ton prochain et tu haïras ton ennemi. Mais moi, je vous dis : aimez vos ennemis, bénissez ceux qui vous maudissent; faites du bien à ceux qui vous haïssent; priez pour ceux qui vous outragent et vous persécutent ». Comment est-il possible que ce soit cette religion d'amour, qui, pendant quatorze siècles, a versé des torrents de sang ?.

Voilà, dans sa difficulté tragique, on peut le dire, la question que nous avons à éclaircir.

Il ne suffit pas ici d'incriminer les passions naturelles de l'âme humaine, les emportements furieux des foules, ses instincts sanguinaires, l'enivrement de la haine. Car ces passions sont de tous les temps; et dans l'histoire des peuples païens, en Grèce ou à Rome, nous ne trouvons rien de semblable à l'Inquisition, à la Saint-Barthélemy, à cette Saint-Barthélemy irlandaise qui fit périr 80.000 protestants sous les coups des Irlandais catholiques, sous Charles Ier, en un mot à toutes ces horreurs marquées du signe de la religion. Il faut donc bien reconnaître qu'il y a dans la religion chrétienne, outre la prise plus forte qu'elle a sur les passions, en raison de sa profondeur même, quelque principe d'erreur et d'égarement, qui tend à produire le fanatisme. Or il n'est pas trop difficile d'apercevoir ce principe, ou plutôt le double principe qui contient l'explication que nous cherchons et qu'il est de si

grande importance de démêler et de mettre
en lumière.

Les deux erreurs, d'ailleurs, sont étroite-
ment liées. C'est une conception fausse de l'*autorité* et une fausse conception de la *vérité*.

L'autorité est le pouvoir qu'un homme
exerce sur d'autres : par exemple, l'autorité
d'un père sur ses enfants ; celle d'un offi-
cier sur ses soldats ; celle d'un chef d'État et
des représentants du gouvernement sur les
citoyens. Toute société a besoin d'autorité,
comme elle a besoin de liberté. Sans liberté,
elle ne serait qu'une masse croupissante dans
laquelle pulluleraient tous les vices de l'esclavage. Sans autorité, elle ne serait qu'une
masse confuse et discordante. C'est la liberté
elle-même qui a besoin de l'autorité. Pour
que la liberté de tous s'exerce également,
il faut que le conflit des droits et des inté-
rêts individuels soit réglé par une autorité
supérieure à la volonté de chacun. Ainsi il
ne peut y avoir de société civilisée sans un gouvernement. L'*an-archie* dont parle Proudhon
doit être regardée comme une franche utopie,
ou, si l'on veut l'interpréter de la manière
la plus favorable, comme une limite idéale
et inaccessible, qui peut servir à apprécier
la marche de l'évolution politique. Cette autorité humaine nécessaire et dont l'origine n'a
rien de mystérieux, car elle est fondée dans

l'utilité commune et elle dérive du consentement implicite ou explicite de tous, la religion l'ennoblit, la consacre, la recommande à la conscience de chacun en la faisant venir de Dieu. C'est la Raison éternelle elle-même qui nous demande d'incliner notre volonté devant l'autorité établie sur la terre pour l'œuvre (humaine et divine, tout à la fois) de la justice et de la fraternité. Une telle croyance est respectable et pourrait même être bienfaisante. En nous l'enseignant, la religion semble bien remplir son office propre qui est, selon le mot de Channing, de nous donner des idées sublimes de la morale.

Mais voici où commence l'erreur, et avec l'erreur le danger. La religion n'est pas seulement un enseignement, une doctrine. Elle prend corps, elle devient une institution sociale. Elle se confond avec l'Eglise. Alors l'Eglise prétend que toute l'autorité que le Dieu du ciel a sur les hommes lui a été conférée; qu'en elle, par conséquent, dans ses actes, dans ses décisions, est la source de toute autorité. Le prêtre sacre le prince et verse sur sa tête l'huile sainte qui le marque du signe divin. Au moyen âge, le pape lie et délie le sujet du suzerain. Au commencement de ce siècle encore, Napoléon, fils infidèle de la Révolution, se fait sacrer par la main du pape. Il suit de là que celui qui

se sépare de l'Eglise se révolte contre Dieu.
Peu importe qu'il invoque ce même Dieu
en témoignage de sa foi, qu'il le prie hum-
blement au fond de son cœur. L'Eglise le
retranche du droit commun. Et quand elle
en a la puissance, elle requiert le bras sécu-
lier de le frapper, vivant, et, mort, de le
traîner sur la claie et de le jeter hors du
champ de repos. C'est Dieu lui-même qui
l'exige. La libre pensée devient ainsi le plus
grand des crimes. Les théologiens enseignent
qu'il est plus grave de corrompre la foi qui
est la vie de l'âme, que d'altérer la monnaie,
plus criminel de blesser les âmes que de
blesser les corps.

Ne voyons-nous pas maintenant, à décou-
vert, le principe théorique qui est au fond
des persécutions religieuses? C'est *le droit
de l'Eglise*. Et qu'on ne croie pas que ce
soit là une prétention vieillie à laquelle
l'Eglise a renoncé. Aujourd'hui même les
défenseurs de ce droit en soutiennent ouver-
tement toutes les conséquences. Dans un livre
publié dernièrement par un prêtre, approuvé
par plusieurs évêques, conforme aux encycliques du pape Léon XIII, et qui paraît con-
séquemment de la plus pure orthodoxie [1],

1. *La liberté de conscience d'après les encycliques de
Léon XIII*, par M. l'abbé Canet. (Lyon, 1891.)

l'auteur enseigne « que la puissance publique
qui protège les droits de l'homme est obligée,
à bien plus forte raison, de protéger le droit
imprescriptible de Dieu [1] ; » le droit de
Dieu, cela veut dire le droit de l'Eglise.
L'auteur ajoute : « Le droit serait-il moins
digne de notre respect et de notre dé-
vouement en sa source première qui est Dieu,
que dans la créature, où il ne peut être qu'à
l'état d'écoulement et d'emprunt... Il s'ensuit
que l'Eglise qui représente Dieu sur la terre
peut en appeler à l'autorité civile quand elle
est entravée dans l'exercice de sa mission
divine et demander que le glaive sorte du four-
reau, quand le glaive, en la défendant, défend,
comme il arrive toujours, les nobles causes
de la famille, de la propriété, de la civilisation. » La neutralité de l'Etat « son incompé-
tence », dit l'auteur, « serait la plus lâche des
trahisons, parce qu'elle serait la trahison du
plus sacré des droits ». Et M. l'abbé Canet
établit dogmatiquement cette double propo-
sition que l'Etat est « incompétent à juger
de l'idée religieuse », et « qu'il est obligé de
la protéger [2] ». Ce qui veut dire qu'il doit
mettre la force publique au service de l'Eglise.
Voilà, dans toute sa crudité, l'enseignement

1. *Ibid.*, p. 108.
2. *Ibid.*, p. 113.

officiel de l'Eglise catholique aujourd'hui
encore. Il n'a pas changé depuis le moyen
âge.

Le même auteur explique très clairement
le principe qui justifie l'Inquisition. « L'inquisition, dit-il, ne prétendait nullement imposer la foi aux âmes, mais simplement arrêter
par la crainte d'un châtiment légal les actes
extérieurs contraires à la religion[1]. » Ainsi la
persécution est de droit, on peut dire de droit
divin. Maintenant, quand elle va si loin qu'on
n'ose plus en excuser les horreurs — par
exemple, M. l'abbé Canet reconnaît, « que
l'Inquisition a amené quelques excès regret-
tables », — la responsabilité de la violence
doit retomber sur le pouvoir civil, sur l'Etat,
et l'Eglise en est déchargée. Dans les tribu-
naux de l'Inquisition, en effet, M. l'abbé
Canet nous explique que les juges ecclésias-
tiques ne faisaient que prononcer sur l'accu-
sation d'hérésie; puis ils se retiraient, et les
juges civils seuls prononçaient la peine.

Je crois avoir éclairci jusqu'à l'évidence
cette idée que le principe des droits de l'Eglise
a été dans le passé et reste encore la source
toujours prête à jaillir de l'intolérance religieuse et des persécutions. Il importe donc que
les bons citoyens rejettent formellement ce

1. *Ibid.*, p. 208.

principe, qu'ils le nient expressément. L'Eglise,
dans nos sociétés actuelles et au regard de l'Etat,
n'est qu'une association de personnes. Elle
doit jouir des droits des associations civiles,
mais elle n'en a pas d'autres. Les ministres du
culte, prêtres et évêques, doivent jouir des droits
des citoyens, ils n'en ont pas d'autres. Il ne faut
pas même accepter qu'on parle des droits de
Dieu. L'autorité de Dieu sur celui qui l'adore et
le prie n'est pas un droit à proprement parler. Le
droit est seulement et exclusivement une rela-
tion entre les personnes, entre les membres
de la société. L'autorité de Dieu est une in-
fluence mystérieuse, en tout cas tout inté-
rieure; elle ne se distingue pas du comman-
dement de la conscience. Nul ne l'a mieux
dit que les sages païens : « Dieu n'est pas au
dehors, ni au-dessus de nous, il est en nous.
Ce n'est pas dans le temple qu'il habite de
préférence, mais dans la conscience de chaque
homme de bien[1]. »

Ainsi c'est une fausse conception de *l'autorité* qui a opprimé si longtemps, et qui
menace encore aujourd'hui la liberté de conscience.

Voici maintenant le second principe d'erreur. La vérité est une grande et sainte chose ;
nous avons besoin de croire à la vérité. Le

---

1. Sénèque.

doute, le scepticisme au sujet de tel ou tel
article de foi est parfaitement légitime et
peut être parfaitement raisonnable. Car la
raison consiste, comme dit Pascal, à savoir
douter où il faut douter, affirmer où il faut
affirmer. Mais le mépris de la vérité ou la
défiance à l'égard de la raison humaine ont
quelque chose de mauvais, et ne pourraient
se répandre dans la masse du peuple sans
énerver l'esprit public. C'est donc une
croyance naturelle et légitime que celle
qui rattache la vérité à Dieu, qui fait de
l'Etre mystérieux caché au fond des choses,
au bord duquel, pour ainsi dire, toute science
humaine vient expirer, un esprit de vérité.
Cela veut dire que les secrets de la nature se
laisseront peu à peu déchiffrer par l'esprit
humain, que la science peut s'étendre indé-
finiment. Cela s'entend et sanctifie notre pensée. Mais la religion catholique transporte le
principe de la vérité de Dieu à l'Eglise. Elle fait
des hommes qui portent l'habit ecclésiastique,
les juges infaillibles du vrai et du faux. Il en
résulte que celui qui ne s'incline pas devant
eux est convaincu d'erreur. En se refusant à
reconnaître l'évidence de leur affirmation sacrée, il fait preuve de malice. Ses doutes ou ses
négations doivent être tenus pour des erreurs,
et ses erreurs lui être imputées à crime. Dieu
le condamne dans le ciel. Les juges de la

terre pourraient-ils hésiter à le condamner?
La vérité absolue confiée à une Eglise infail-
lible, telle est la conception de la vérité qui
contient un second principe d'intolérance ;
c'est elle qui a inoculé le fanatisme à la
doctrine évangélique de la charité presque dès
l'origine du christianisme, et qui l'a perpétué
jusqu'à la Révolution française de 1789.

La Révolution française est, depuis l'avènement du christianisme, le premier grand
mouvement social qui ait été purement laïque
et ne se soit inspiré que des idées de la raison. Or elle a introduit dans le monde et a
fait prévaloir deux principes opposés aux
principes de l'Eglise : le principe des droits
de l'homme et celui de la neutralité de l'Etat
en matière de croyance. Efforçons-nous de les
bien comprendre, car ils sont les principes de
notre droit public, et, on peut le dire, de la
civilisation contemporaine.

Le principe des droits de l'homme est toute
la substance de cette fameuse *Déclaration des
droits de l'homme et du citoyen* qui est devenue
la charte des sociétés nouvelles. Tout être humain, toute personne, sans acception de naissance, de condition, de sexe, ni même de race
ou de nationalité, a des droits naturels qui
sont antérieurs et supérieurs à l'autorité de
l'Etat. A plus forte raison le sont-ils à l'insti-

tution de l'Eglise, de toutes les Eglises. La
puissance de l'Etat, la puissance publique
doit servir à les garantir, mais elle ne les
crée pas, elle ne les fait pas: « le but de toute
association politique est la conservation des
droits naturels de l'homme[1]. » Or parmi les
droits naturels, le plus essentiel à la dignité
de la personne, à sa nature d'être raisonnable, est le droit de penser comme il lui
paraît bon et ce qui lui paraît vrai et de
communiquer ses pensées, le droit de rendre
à Dieu le culte qui lui plait, ou de ne lui en
rendre aucun, la liberté de croire ou de ne
pas croire, la *liberté de conscience*, enfin.
« Nul ne peut être inquiété pour ses opinions,
même religieuses, pourvu que leur manifestation ne trouble pas l'ordre public établi
par la loi[2]. »

Dans la discussion de cet article, à l'As-
semblée constituante, comme quelqu'un de-
mandait qu'il fût fait des réserves pour
protéger la religion de la majorité des citoyens et du culte dominant, Mirabeau répondit : « On vous parle sans cesse d'un culte *dominant* : dominant, Messieurs, je n'entends
pas ce mot et j'ai besoin qu'on me le définisse.
Est-ce un culte oppresseur que l'on veut
dire ? mais vous avez banni ce mot; et des

1. Article 2 de la Déclaration des Droits.
2. Article 10.

hommes qui ont assuré le droit de liberté ne revendiqueront pas celui d'oppression. Est-ce le culte du prince que l'on veut dire? Mais le prince n'a pas le droit de dominer sur les consciences ni de régler les opinions. Est-ce le culte du plus grand nombre? Mais le culte est une opinion. Or les opinions ne se forment pas par le résultat des suffrages; votre pensée est à vous ; elle est indépendante; vous ne pouvez l'engager. Enfin une opinion qui serait celle du plus grand nombre n'a pas le droit de dominer. C'est un mot tyrannique qui doit être banni de notre législation ; car si vous l'y mettez dans un cas, vous pouvez l'y mettre dans tous ; vous aurez donc un culte dominant, une philosophie dominante, des systèmes dominants. Rien ne doit dominer que la justice ; il n'y a de dominant que le droit de chacun; tout le reste y est soumis. Or c'est un droit évident, et déjà consacré par vous, de faire tout ce qui ne peut nuire à autrui. »

Il n'y a de dominant dans l'ordre politique que le droit de chacun. Là est le principe de l'autorité fondée sur la raison, de l'autorité qui, seule, a un caractère moral. L'autorité de l'Etat n'a pas besoin de chercher son origine dans une consécration ecclésiastique. Elle dérive de la volonté des citoyens. « La loi est l'expression de la volonté générale. Tous les citoyens ont droit de concourir, personnellement ou par leurs représentants, sa formation[1]. » Il en résulte que le principe de la souveraineté réside dans l'ensemble des citoyens. « Nul corps, nul individu ne peut exercer d'autorité qui n'en émane expressément[2]. » Ainsi se trouve renversée l'idée de toute autorité de l'Eglise dans le domaine de la société civile.

En même temps, l'autorité de l'Etat, fût-elle soutenue par le consentement de la majorité, doit s'arrêter devant la conscience individuelle. Sa fonction est de réprimer les actes nuisibles à la liberté. Elle n'a pas à connaître de la vérité et de l'erreur. Ne laissons pas parler, comme on le fait si souvent, des droits de la vérité. L'erreur a autant de droits que la vérité; et toutes les opinions, qu'elles soient vraies ou fausses, doivent être libres, parce qu'elles sont la manifestation également respectable de la conscience individuelle. Il n'y a pas de signe extérieur de la vérité qui permette de la reconnaître avec les yeux du corps et comme du dehors. Il n'y a pas de corporation ni d'individu qui l'ait en dépôt et qui puisse en juger infailliblement. C'est à chacun de la chercher au risque de se tromper, de l'entendre en lui-même

1. Article 6 de la Déclaration des Droits.
2. Article 3.

quand il croit l'avoir trouvée, et de la pro-
poser aux autres. A cette condition seule la
vérité est vivante. Car le sens des paroles
qu'on répète sur la foi d'autrui, s'en retire
peu à peu, et il ne reste à la fin qu'une for-
mule sans vertu. L'idée n'a de vie que celle
que lui communique la conscience pendant
qu'elle fait effort pour la comprendre. Et à
cette condition seule, encore, la vérité peut
s'accroître. Car elle ne se reflète que partielle-
ment dans chaque esprit particulier, elle
ne s'exprime que par parcelles dans les inventions et les découvertes des génies les
plus élevés. Elle se forme peu à peu par
l'addition de ces expressions diverses et suc-
cessives. Ainsi s'est formée la science moderne qui s'accroît tous les jours, qui obtient
librement l'assentiment de tous, qui ne connaît
ni les sectes ni les hérésies, et qu'on peut
appeler vraiment *catholique* puisqu'elle règne
sur tous les esprits. *Or elle procède du libre
examen et ne demande rien à l'autorité.*
La vérité relative et progressive librement
cherchée et librement consentie, voilà la
conception de la vérité qui est le principe
théorique de la neutralité de l'Etat en matière
de croyance ; elle repose, nous le voyons, sur
la nature de la pensée humaine !

On cherche, il est vrai, à flétrir cette idée
de l'Etat moderne du nom de l'Etat sans Dieu,

de l'Etat athée. Il resterait à savoir quelle est la
société la plus religieuse, de celle qui cour-
bait les âmes sous la violence et qui éclairait
les esprits à la flamme des bûchers, ou de
celle qui assure la liberté de tous en élevant
la conscience individuelle au-dessus de l'autorité de l'Eglise et de la puissance politique.

Mais qu'on juge religieux ou irreligieux
les principes de notre droit public, peu importe. La conscience humaine les consacre.
Elle ne les laissera plus effacer. Elle ne
supportera plus, on peut l'espérer, les affreux
spectacles que la religion a donnés dans le
passé.

Cependant, sur notre vieux sol de France,
encore fumant de nos dissensions séculaires,
nous ne sommes pas pénétrés, comme il fau-
drait, de cet esprit de tolérance qui pourrait
être le meilleur ciment de la patrie. Nous
nous reprochons tous les jours les uns aux
autres, comme un crime digne de haine, notre
qualité de protestant, ou de juif ou de libre
penseur, voire de catholique. Récemment, dans
une souscription publique, on pouvait lire
cette horrible profession de foi, dont l'anony-
mat, heureusement, atténuait beaucoup la
portée : « des officiers qui regrettent la Saint-
Barthélemy ! »

Il faut bien reconnaître que dans les pays
catholiques la liberté de conscience ne sera

assurée contre tout retour de l'intolérance
religieuse que le jour où l'Eglise elle-même,
renonçant à ses droits prétendus supérieurs
et à sa prétendue infaillibilité, acceptera sans
réserve les droits égaux de la libre pensée,
les droits de l'hérésie, les droits, la légiti-
mité, et même la vérité relative de toutes les
croyances religieuses ; le jour où elle abjurera
cette fausse et détestable maxime: « hors de
l'Eglise point de salut » ; le jour enfin où elle
entrera dans ce grand mouvement de liberté
auquel appartient l'avenir. Car, par la liberté
seule le domaine de la vérité peut s'accroître ;
et par elle seule un accord vraiment pacifique
s'établira entre les hommes.

CONFÉRENCE DE M. LOTTIN

Paix sur la terre aux hommes de bonne volonté.

On raconte qu'un jour un professeur, dans sa chaire, avait à parler, à ses élèves, de la patience.

Il va définir cette vertu dont il doit les entretenir : « La patience, Messieurs..., fermez cette porte, je vous prie, elle donne un courant d'air. »

« La patience, c'est, Messieurs..., mais fermez donc cette porte! »

« Je vous disais donc que la patience... Sapristi! allez-vous enfin fermer la porte!... »

La tolérance est un peu comme la patience; la définir est facile; sa nécessité est volontiers reconnue par tous, à part quelques attardés ou quelques fanatiques qu'il serait vain de vouloir convertir; rien, donc, de plus aisé en théorie; la difficulté, c'est de la pratiquer; en fait, fort peu la pratiquent, et c'est souvent quand on en parle le plus qu'on la respecte le moins.

J'entends ici un murmure de protestations s'élever, et chacun, sinon s'écrier tout haut, du moins protester vivement dans son for intérieur : « Oh ! moi, je fais certainement exception à cette soi-disant règle générale, car je suis sûr d'être très tolérant ! »

La chose est-elle vraiment si certaine ? Quand nous nous en serons un peu entretenus ensemble, peut-être en viendrez-vous à convenir que si le voisin ne pratique pas la tolérance comme il le devrait, vous non plus, vous n'êtes pas sans reproche.

Faut-il, d'abord, définir la tolérance ? Oh ! ce sera de la manière la plus simple : la tolé-. rance, c'est le respect de la conviction d'autrui. C'est, par conséquent, le corollaire et la garantie de la liberté de conscience. Si cette dernière est légitime, nécessaire et hors de contestation, de ce seul fait, la tolérance en découle tout naturellement et s'impose.

Le premier point, donc, à examiner, est celui-ci : L'homme a-t-il ou non le droit de revendiquer la liberté de sa conscience ?

Toute oiseuse et hors de propos que doive sembler à beaucoup une pareille question, cent quarante ans après Voltaire et un peu plus de cent après la *Déclaration des droits l'Homme*, force nous est bien, pourtant, de

nous faire le triste aveu que certaines con-
quêtes, que nous pensions être définitives,
nous sont contestées, que certaines passions,
que nous croyions mortes n'étaient qu'assou-
pies, et se sont réveillées plus âpres, plus
ardentes, plus féroces que jamais; enfin, que
l'armée des ténèbres, que nous nous imagi-
nions reléguée pour toujours dans ses sombres
demeures, s'apprête à donner un assaut
furieux aux positions que la raison humaine
avait mis des siècles à conquérir, ne reculant
pas, pour l'en déloger, devant l'emploi des
armes à la fois les plus surannées et les plus
perfides.

Il n'est donc pas inopportun de nous
demander si nous avons vraiment le droit
de croire ou non, d'agir ou de ne pas agir,
en prenant comme guide unique notre conscience, et quels sont les droits de celle-ci.

L'homme possède, à titre légitime, un certain nombre d'objets qui lui sont extérieurs :
la maison qui lui sert d'asile, les vêtements
qui le garantissent du froid ou des ardeurs
trop grandes du soleil, le gain que lui pro-
cure son travail, et qui assure la subsistance
de sa famille; tout cela est bien à lui, personne, sous quelque prétexte que ce soit, ne
doit se permettre de le lui soustraire, et ceux
qui attentent à cette propriété indéniable et
sacrée sont flétris du nom de voleurs.

Il possède plus légitimement encore ses membres, son corps, ses organes, dont le jeu régulier est la condition de son existence. Nul ne peut se croire le droit de le molester, de le frapper, de le blesser, moins encore de le tuer, et ceux qui se permettent de l'attaquer dans sa personne, considérés comme les pires des criminels, prennent le nom d'assassins.

Mais l'homme possède un bien autrement personnel, autrement intime que sa maison, que ses vêtements, que son corps même : c'est sa conscience.

Là, plus rien d'extérieur, mais, sous les multiples enveloppes de pierre, de laine, de soie, de lin, de chair, de muscles, de sang et de nerfs, une chose intangible, impalpable, qui est l'homme lui-même, l'homme tout entier, avec son intelligence, son énergie et sa volonté.

Si le reste, c'est-à-dire ses biens et son corps constituent en sa faveur une propriété à laquelle on ne saurait toucher sans crime, combien, à plus forte raison, ne devra donc pas être respectée cette propriété par excellence de la conscience et de la pensée !

Et si l'on appelle voleurs les malfaiteurs qui s'emparent des biens extérieurs, et assassins ceux qui portent la main sur le corps de l'homme, quel nom pourra-t-on donner à ceux qui ne craignent pas d'attenter à cette chose autrement inviolable? En est-il un dans notre langue?

Pour l'homme impartial et humain, aucun mot ne saurait rendre la noirceur d'un pareil acte ; eh bien, à l'encontre des voleurs et des assassins, que nul ne songe à réhabiliter, les violateurs de la conscience humaine, en réalité les plus criminels des hommes, non seulement ne sont pas coupables à leurs propres yeux, mais encore trouvent des apologistes pour soutenir qu'ils sont les bienfaiteurs de ceux qu'ils persécutent. Pourquoi? Parce que, convaincus qu'ils possèdent la la vérité et qu'ils en sont les seuls détenteurs, pour eux comme pour ceux qui les approuvent, ils ont le droit et même le devoir de la faire triompher quand ils en ont les moyens, c'est-à-dire quand ils disposent de la force.

Et, puisqu'on reconnaît l'arbre à ses fruits, voyons comment, si nous en croyons l'histoire, ces hommes s'y prennent, lorsqu'ils ont la force à leur service, pour établir le règne de la vérité.

Quatre cent cinquante ans avant notre ère, vivait à Athènes un certain sculpteur qui, fils d'une sage-femme, se donnait à lui-même le nom et le titre « d'accoucheur des esprits ». Cet homme, ayant reconnu qu'il

pourrait rendre de plus grands services à ses
concitoyens en cultivant leurs âmes qu'en
reproduisant les images de leurs corps, prit
comme occupation unique l'étude et l'enseignement de la sagesse. Il se nommait Socrate.

Tout le monde sait ce qu'il advint de ce
grand homme, le sage par excellence. Il eut
le malheur de laisser voir qu'il n'était point
suffisamment convaincu des *vérités* qu'ensei-
gnait la religion d'alors et l'imprudence de ne
pas admirer, comme il eût fallu, les mœurs
par trop... patriarcales de Jupiter, ni la con-
duite un peu légère de Vénus ; il ne dissi-
mula pas que la multitude bigarrée des
immortels, présidant du haut de l'Olympe à
la marche des affaires humaines, lui parais-
sait excessive :

Oracles, taisez-vous, tombez, voix du portique!
Fuyez, vaines lueurs de la sagesse antique!
Nuages colorés d'une fausse clarté,
Evanouissez-vous devant la vérité!
D'un hymen ineffable elle est prête d'éclore;
Attendez... un, deux, trois..., quatre siècles encore,
Et ses rayons divins, qui partent des déserts,
D'un éclat immortel rempliront l'univers!
Et vous, ombres de Dieu qui nous voilez sa face!
Fantômes imposteurs qu'on adore à sa place!
Dieux de chair et de sang! Dieux vivants! Dieux mor-
Vices déifiés sur d'immondes autels!   [tels!
Mercure aux ailes d'or, déesse de Cythère,
Qu'adorent impunis le vol et l'adultère;

Vous tous, grands et petits, race de Jupiter,
Qui peuplez, qui souillez les eaux, la terre et l'air!
Encore un peu de temps, et votre auguste foule,
Roulant avec l'erreur de l'Olympe qui croule,
Fera place au Dieu saint, unique, universel,
Le seul Dieu que j'adore et qui n'a point d'autel!...

(Lamartine, *la Mort de Socrate*.)

Un tel langage pouvait-il se tolérer?... A cette époque lointaine, la conservation des bonnes mœurs et des saines traditions n'était pas confiée, comme de nos jours, à la vigilance d'une presse bien pensante, rapportant de gros bénéfices aux hommes purs qui la rédigent; mais à défaut de journaux il y avait le théâtre, qui suffisait à la publicité d'alors. Ce fut au théâtre que la personne et les idées de Socrate furent présentées au public sous un jour qui n'était point à son avantage. Dès lors, l'indignation des nombreuses gens *qui pensent ce qu'on leur fait penser*, fut à son comble. Eh quoi! ce soi-disant sage se permettait de sourire quand on disait devant lui que le père des Dieux, Saturne, avait mangé ses enfants! Il haussait les épaules lorsqu'il entendait raconter que Jupiter, le maître de l'Olympe, s'était métamorphosé en taureau pour enlever la jeune Europe, et en cygne pour plaire à Léda. Contester des vérités si indéniables, et que le peuple tout entier admettait sans se permettre, lui, aucun doute! Se pouvait-il imaginer rien de plus criminel?.. Assurément non !

Un certain Melitus se fit le vengeur du sentiment public outragé ; il dénonça Socrate, et la majorité des cinq cents juges dont se composait l'aréopage le condamna à mort. Pourquoi aussi s'avisait-il de devancer son époque, et de se moquer prématurément de choses dont il ne fut permis de rire que plus tard ?...

Longtemps après cette antique histoire, vers la douze centième année qui suivit le passage du Christ sur la terre, il existait, dans le Midi de la France, de pauvres égarés qui avaient, paraît-il, les idées les plus erronées sur les matières de la foi. C'est ainsi que, reprenant pour leur compte la vieille doctrine des manichéens, ils croyaient à la coexistence, de toute éternité, de deux principes, de deux Dieux : celui du bien et celui du mal, et qu'ils s'imaginaient que Jésus-Christ, l'ange de lumière envoyé par le Dieu bon au secours de ses créatures, et appelé fils de Dieu à cause de sa prééminence dans la hiérarchie céleste, ne pouvait se revêtir en réalité de la matière, qui est maudite, et que, dès lors, son incarnation et plus tard son supplice sur le calvaire ne furent qu'apparents.

Que ne s'imaginaient-ils encore? Ne prétendaient-ils pas que le luxe des vêtements

sacerdotaux était indigne d'une religion divine, et ne s'avisaient-ils pas de vouloir que
leurs prêtres fussent couverts d'habits d'autant plus simples et sévères que ceux des
prêtres et évêques catholiques étaient plus
étincelants d'ornements et de matières pré-
cieuses? Certains d'entre eux, qu'on connaît
sous le nom de *Pauvres de Lyon* ou Vaudois,
d'après un historien très orthodoxe du temps,
Pierre, moine de Vaux-Cernai, étaient des
gens bien coupables : ils portaient des sabots,
en signe de l'humilité qu'ils s'imposaient ;
ils prétendaient qu'il n'était pas permis de
jurer, ni de tuer, même en cas de légitime
défense, et ils croyaient que n'importe lequel
d'entre eux, même sans avoir reçu les ordres
de la main d'un évêque, pouvait consacrer
le sang de Jésus-Christ.

Enfin, comble d'audace et de méchanceté,
ces malheureux, par leur charité, par leur
douceur, par les vertus de toutes sortes qu'ils
pratiquaient, faisaient ressortir d'une manière infiniment dangereuse tout ce qu'avaient
de féroce et d'abominable les mœurs de la
société orthodoxe d'alors.

Ne fallait-il pas exterminer une race pareille avant qu'elle eût achevé de pervertir
les régions du Midi de la France où déjà elle
étendait son prosélytisme d'une façon inquié-
tante?

On le soutint en haut lieu. Le pape Innocent III, un ministre du Dieu de charité, qui
comprenait, lui, la charité à sa manière, pré-
para pendant dix ans la perte de ces êtres
dangereux. Une sorte d'inquisition, sous la
direction du fameux Arnaud Amauri, abbé
de Cîteaux, se mit à fonctionner en Provence,
et à sévir particulièrement contre les prêtres
et évêques qui avaient montré quelque tié-
deur à l'égard des hérétiques. Puis une armée formidable d'hommes du nord bien
pensants : soldats de l'Ile de France, de
Champagne et de Bourgogne, partit de Lyon,
et, grossie d'une quantité d'aventuriers qui
voyaient là une bonne occasion de sauver leur
âme et en même temps de remplir leur
escarcelle, vint devant Béziers. Ces bonnes
gens, dont la conscience très complaisante,
restait absolument muette quand ils avaient
commis certaines peccadilles : pillages, assas-
sinats, viols, incendies, étaient extrêmement
chatouilleux et même intransigeants quand la
question du dogme était en jeu. Ils le firent bien
voir aux habitants de Béziers : la ville ayant été
prise sans coup férir, 40.000 personnes, dit-
on, furent massacrées, et comme les tueurs,
pris de scrupules, demandaient à l'abbé de
Cîteaux comment distinguer les hérétiques
des fidèles : « Tuez les tous ! répondit ce doux
pasteur, tuez les tous ! Dieu reconnaîtra les

siens ! » Après le meurtre, ce fut le pillage et après le pillage on mit le feu, en sorte, dit un chroniqueur, « qu'il n'y demeura chose vivante. »

Puis ce fut le tour de Carcassonne, puis de Toulouse; enfin tout le Midi ne tarda pas à être mis à feu et à sang.

Et voyez à quel point le fanatisme et ce prétendu droit d'imposer à autrui la vérité dont on croit être le dépositaire privilégié, change la nature des esprits :

Parmi les plus zélés convertisseurs d'hérétiques, et par conséquent, au premier rang de ceux qui avaient poussé aux mesures sanguinaires, était un espagnol, nommé Domingo ou Dominique, chanoine de l'église d'Osma. C'était une âme tendre, un homme bon, charitable, doux, à qui il arriva dans une famine, de vendre ses biens pour en donner l'argent aux pauvres, et qui voulut même un jour vendre sa propre personne pour tirer un captif des fers. Eh bien! cet homme si secourable à son prochain quand le prochain marchait dans les sentiers de l'orthodoxie, est le même qui a laissé dans l'histoire un nom qu'on ne peut prononcer sans frémir, tant est épaisse l'auréole de sang qui l'environne; c'est celui qui a été canonisé sous le nom de *saint Dominique*. C'est le moine fondateur d'un ordre chargé spécialement de poursuivre

et de punir sans pitié tout ce qui sentait
l'hérésie, qui, ayant insufflé à son œuvre,
l'Inquisition, sa haine contre tout ce qui
n'adorait pas Dieu de la même manière que
lui, porte l'éternelle flétrissure des crimes
sans nombre commis par cet effroyable tribunal.

Si l'esprit de secte et l'intolérance pro-
duisent de pareils effets sur une nature
droite et douce, qu'on juge en quels monstres
ils doivent transformer les êtres qui sont déjà
portés par leurs instincts à la rudesse, à la
violence !...

Autre fait : Les tueurs du XIII⁰ siècle, malgré
tout le soin qu'ils avaient apporté à leur be-
sogne, ne l'avaient pas faite complète. Quelques
victimes avaient échappé à l'extermination,
s'étaient réfugiées en Provence et dans les
Alpes, et y avaient fait souche d'hérétiques.
Ces descendants des Albigeois vivaient dans
la foi de leur pères ; c'était une population
très tranquille, de mœurs simples et pures,
qui cultivait la terre en s'inspirant de cette
devise qu'elle avait adoptée et qui a souvent
été répétée depuis : « Qui travaille, prie ?

Ils ne cherchaient point à faire de prosé-
lytes, se contentant de vivre comme une
grande famille, et ne demandant qu'une
chose à ceux qui ne partageaient pas leurs
croyances : la paix et la liberté.

Allaient-ils ou n'allaient-ils pas en paradis
après leur mort? c'est un point sur lequel il
serait sans doute difficile de se prononcer;
dans tous les cas, il semble que cette affaire
dût ne regarder qu'eux; mais des gens zélés
en jugèrent autrement, et voici ce qu'il advint:

En 1535, le parlement d'Aix, qui voulait
sans doute faire leur bien malgré eux, ordonna aux seigneurs d'obliger leurs vassaux
vaudois à abjurer ou à quitter le pays. Ils se
révoltèrent contre une pareille injonction;
mais bientôt on les désarma par une amnis-
tie dont une des conditions était qu'ils vi-
vraient désormais catholiquement, clause
à laquelle ils ne crurent pas devoir obéir.
Alors ce même parlement, en 1540, condamna
au feu, par contumace, vingt-trois chefs de
famille, et leurs femmes et leurs enfants à
l'esclavage, *les donnant et livrant à qui pourrait les saisir*, et ordonna la destruction de
Mérindol, principal foyer de l'hérésie.

« Toutes les maisons et basties dudit lieu
seront abattues, démolies et abrasées, et ledit
lieu rendu inhabitable sans que personne y
puisse réédifier ne bastir, si ce n'est par le
vouloir et permission du Roy, etc... »

Le roi François Ier, toutefois, mû par des
scrupules d'humanité et de politique, fit sur-
seoir à l'exécution de cet arrêt.

Il y avait alors, dans le voisinage de Mérindol, un certain baron d'Oppède qui, comme catholique, détestait les Vaudois, et, comme propriétaire, avait le plus grand désir de s'arrondir à leurs dépens. Il écrivit lui-même au roi pour l'exciter contre eux, lui affirmant qu'ils conspiraient contre la France, et qu'ils avaient une armée de 15.000 hommes avec laquelle ils projetaient de s'emparer de Marseille pour constituer la Provence en République. De tout temps, on a su prêter les desseins les plus perfides aux ennemis que l'on veut perdre. Des intrigues de toutes sortes s'agitèrent autour de François Ier qui, malade, lassé, finit par céder et signa, sans le lire, dit-on, l'ordre d'exécuter l'arrêt du parlement d'Aix.

Le 12 avril 1545, cette exécution eut lieu sous la direction de commissaires choisis par le parlement, et à la tête desquels fut placé d'Oppède. Les soldats du roi, augmentés de ceux du vice-légat pontifical d'Avignon et d'une foule de volontaires qui voyaient là une occasion unique de satisfaire leur fanatisme, leur brutalité et leur rapacité, se ruèrent sur le territoire vaudois, en tuant, pillant, brûlant et violant. Ils détruisirent par le feu Mérindol, évacué par ses habitants, et, y ayant trouvé quelques femmes réfugiées dans une église, ces braves défenseurs de la foi les précipitèrent du haut d'un rocher, après leur avoir fait subir tous les outrages.

« Mérindol brûlé, les égorgeurs marchèrent sur Cabrières, place fortifiée, qui se défendit et se laissa battre en brèche. D'Oppède offrit la vie et les biens aux habitants. Les Vaudois ouvrirent leurs portes (20 avril). D'Oppède ordonna aux troupes de tout mettre à mort. Les vieux soldats de l'armée de Piémont déclarérent leur honneur engagé par la capitulation et refusèrent. Les fanatiques de la milice et de la populace qui suivaient d'Oppède obéirent, les deux gendres de d'Oppède en tête. On tua dans les rues ; on tua dans le château ; on tua dans l'église ; une multitude de femmes et d'enfants s'y étaient réfugiés ; la horde forcenée s'y précipita : on vit là réunis tous les forfaits que peut rêver l'enfer !

« D'autres femmes s'étaient cachées dans une grange : d'Oppède les y fit enfermer et fit mettre le feu aux quatres coins. Un soldat voulut les sauver et leur ouvrit la porte ; on les rejeta dans le feu à coups de piques. Vingt-cinq mères de famille avaient cherché asile dans la caverne de Mus, à quelque distance de la ville : le vice-légat d'Avignon, digne émule de d'Oppède, fit allumer un grand feu à l'entrée de la grotte : cinq ans après, on retrouva au fond les ossements des victimes.

« La Coste eut le même sort que Cabrières. Le seigneur de la Coste, parent de d'Oppède,

'avait conjuré celui-ci d'épargner· « ses sujets ». D'Oppède promit. Les portes furent
ouvertes. Toutes les horreurs de Cabrières
furent renouvelées. Un grand nombre de
malheureux se précipitèrent du haut des mu-
railles, se poignardèrent ou se pendirent aux
arbres pour échapper aux atroces traitements
des bourreaux qui prolongeaient, avec un art
infernal, l'agonie de toute une ville. On vit
une mère, tombée avec sa fille dans les
mains de ces bêtes féroces, ivres de sang et de
luxure, se percer le cœur d'un couteau et le
passer tout sanglant à sa fille (22 avril)!

« Les trois villes vaudoises et vingt-deux
villages étaient détruits; trois mille personnes massacrées; deux cent cinquante-cinq
exécutées, après les massacres, sur un simu-
lacre de jugement; six ou sept cents envoyées
ramer sur les galères du baron de la Garde :
beaucoup d'enfants avaient été vendus comme
esclaves! L'armée des égorgeurs se retira
enfin, laissant derrière elle une double or-
donnance du parlement d'Aix et du vice-légat
d'Avignon, du 24 avril, qui défendaient « que
nul, sous peine de la vie, n'osât donner re-
traite, aide, secours, ni fournir argent ni vivres
à aucun Vaudois ou hérétique ». « La populace catholique des cantons environnants
continua de parcourir en armes la campagne,
glanant sur les traces de l'armée et cherchant

ce qui restait à tuer ou à piller, tandis que des milliers de proscrits erraient dans les bois et dans les rochers du Lùberon, arrachant, pour apaiser la faim qui les dévorait, les herbes et les racines sauvages. Tout secours leur était refusé ; autour d'eux la terreur glaçait tout ce que n'enivrait pas le fanatisme. Une pauvre femme vint expirer d'inanition à la porte d'une grange, sans que personne osât lui donner un morceau de pain ! une multitude de ces infortunés « moururent de faim enragée », dit un historien provençal. Les plus robustes gagnèrent les Alpes, Genève et la Suisse, fuyant cette patrie, naguère si heureuse, que la rage des persécuteurs avait changée en un désert plein de ruines noircies et de débris humains sans sépulture.

« Jamais victimes plus pures ni bourreaux plus infâmes n'avaient apparu dans l'histoire. » (H. Martin, *Histoire de France*, t. VIII, p. 333.)

Il convient d'ajouter que d'Oppède, appelé à Paris, et inquiété un instant pour ses excès de zèle, fut remis tout aussitôt en liberté, qu'il retourna, rétabli dans sa charge de premier président, en Provence, où il fit brûler encore quelques Vaudois qui y étaient restés, et qu'en récompense de ses hauts faits il fut nommé par le pape Paul IV chevalier de Saint-Jean-de-Latran.

Toutes les persécutions se ressemblent. Leur injustice révolte, leur cruauté indigne. Malgré la lassitude rebutante qu'entraîne nécessairement la monotonie de récits qui ne sont, pour ainsi dire, que la répétition les uns des autres, nous ne pouvons cependant quitter ce sujet sans dire un mot de la trop célèbre révocation de l'Edit de Nantes et des dragonnades qui en furent la préface.

Henri IV, pour affermir l'apaisement des luttes religieuses que son avènement au trône avait amené en France, avait promulgué, en faveur de ses anciens coreligionnaires, un édit, signé à Nantes, dans lequel il leur accordait le libre exercice de leur culte avec, toutefois, de très grandes restrictions. Pour n'en citer que quelques-unes, les réformés étaient tenus de chômer les fêtes catholiques, étaient soumis aux règles matrimoniales de l'Eglise, et devaient payer la dîme au clergé.

Le régime établi par l'Edit de Nantes était loin de la liberté complète ; les protestants, cependant, s'en seraient accommodés, et, de fait, ils s'en contentèrent, tant qu'on voulut bien le leur laisser, le point essentiel, pour eux, étant acquis : le droit de ne point être inquiétés à raison de leurs croyances.

Cependant, Louis XIV se trouvait gêné de savoir que parmi ses sujets un certain nombre ne pratiquaient pas la même religion que lui.

Arrivé au terme d'une existence consacrée à l'orgueil et à la luxure, il sentait le besoin de racheter ses fautes avant de comparaître devant le juge souverain et, à ses yeux, le plus sûr moyen c'était de faire, de gré ou de force, rentrer au bercail les brebis égarées. Madame de Maintenon, sa grande et pieuse amie, écrivait le 24 août 1681 :

« Le roi commence à penser sérieusement « à son salut et à celui de ses sujets. Si Dieu « nous le conserve, il n'y aura plus qu'une « religion dans son royaume. C'est le senti- « ment de M. de Louvois, etc... »

Le sentiment de M. de Louvois fut celui-ci : craignant que les missionnaires en soutane et en froc envoyés près des hérétiques ne fussent pas assez persuasifs, il imagina de leur adjoindre d'autres missionnaires, non professionnels, ceux-là, comme on dit aujourd'hui, en bottes éperonnées, avec casque en tête et sabre au côté, autrement dit des soldats. On sait ce qu'étaient ces soldats de l'ancien régime, bons et joyeux lurons que les scrupules ne gênaient guère, dont certains avaient à leur actif des exploits à humilier un Cartouche, et qui étaient, certes, capables d'étayer, des arguments les plus irrésistibles, les syllogismes peut-être un peu débiles des moines et des prêtres.

Après quelques hésitations du roi, un édit

fut cependant signé par lui en 1682, qui inter-
disait aux réformés de sortir du royaume avec
leurs familles, à peine des galères perpétuelles.
Puis, après la mort de Colbert qui s'était opposé
de toutes ses forces à l'exécution de mesures
qu'il regardait comme funestes, l'œuvre de la
conversion fut entreprise. Cela commença par
le Béarn, puis ce fut le tour de la Guyenne,
du Limousin, de la Saintonge, du Poitou et
du Languedoc, et voici quelques-uns des
moyens qui étaient employés pour arracher
les âmes aux griffes de Satan : « Chaque
maison devint le théâtre d'une lutte acharnée
entre la faiblesse héroïque et les furies de la
force brutale... Tout ce que l'homme peut
souffrir sans mourir, ils l'infligèrent aux protestants. Pincé, piqué, lardé, chauffé, brûlé,
suffoqué presque à la bouche d'un four, il
souffrit tout. Tel eut les ongles arrachés. Le
supplice qui agissait le plus, à la longue,
c'était la privation de sommeil. Le moyen des
dompteurs de lions est terrible aussi contre
l'homme... Le sang les enivrait. Ils imagi-
nèrent cent supplices. Telle fut lentement,
cruellement épilée, telle flambée à la paille,
comme un poulet. Telle, l'hiver, reçut dans
les reins des seaux d'eau glacée. Parfois ils
enflaient la victime (homme ou femme) comme
un bœuf mort, jusqu'à la faire crever. Parfois,
ils la tenaient suspendue, presque assise, à

nu, sur des charbons ardents. » (Michelet, *Louis XIV et la Révocation de l'Edit de Nantes.*)

Un témoin oculaire, Elie Benoît, dit : « Les cavaliers attachaient des croix à la bouche de leurs mousquets, pour les faire baiser par force, et quand on leur résistait, ils poussaient ces croix contre le visage et dans l'estomac de ces malheureux. Ils n'épargnaient les enfants, non plus que les personnes âgées, et sans compassion de leur âge, ils les chargeaient de coups de bâton ou de plat d'épée ou de la crosse de leurs mousquetons, ce qu'ils faisaient avec tant de violence que quelques-uns en demeurèrent estropiés. Ces scélérats affectaient de faire des cruautés aux femmes. Ils les battaient à coups de fouet ; ils leur donnaient des coups de canne sur le visage pour les défigurer, ils les traînaient par les cheveux dans la boue et sur les pierres... Les officiers n'étaient pas plus sages que leurs soldats. Ils crachaient au visage des femmes ; ils les faisaient coucher, en leur présence, sur des charbons ardents ; ils leur faisaient mettre la tête dans des fours dont la vapeur était assez ardente pour les suffoquer... Le plus fort de leur étude était de trouver des tourments qui fussent douloureux sans être mortels. »

Mais tout cela n'était qu'un prologue,

qu'une manière ingénieuse d'aider la grâce. Bientôt, détruisant d'un seul coup l'œuvre de son aïeul, Louis signe, le 17 octobre 1685, la révocation de l'Edit de Nantes. Tous les droits accordés aux huguenots par Henri IV leur sont enlevés. Tous les temples doivent être démolis, les enfants nés de protestants doivent être baptisés par les curés des paroisses et élevés dans la religion catholique, et nouvelle défense est faite aux religionnaires, à peine de galères pour les hommes, et de confiscation de corps et de biens pour les femmes, de tenter de se soustraire aux conséquences de l'Edit de révocation en essayant de sortir du royaume. Quant aux pasteurs qui refusaient de se convertir, ils durent s'expatrier sous quinze jours, mais sans pouvoir disposer de leurs immeubles, *ni emmener leurs enfants au-dessus de l'âge de sept ans.*

Alors ce fut une recrudescence des horreurs commises par les soldats :

« Toutes les inventions diaboliques des *routiers* du moyen âge pour extorquer de l'or à leurs captifs furent renouvelées çà et là pour arracher des conversions : on *chauffa* les pieds, on donna l'estrapade, on suspendit les patients par les extrémités ; on lia de jeunes mères aux colonnes de leur lit pendant que leur enfant à la mamelle se tordait

4

de faim sous leurs yeux. » « De la torture à
l'abjuration, dit Saint-Simon, et de celle-ci à
la communion, il n'y avait souvent pas vingt-
quatre heures de distance, et leurs bourreaux
étaient leurs conducteurs et leurs témoins.
Presque tous les évêques se prêtèrent à cette
pratique subite et impie... » « L'enlèvement
des enfants mit le dernier sceau à la persécution. L'Edit de révocation avait seulement
statué que les enfants à naître seraient élevés
dans la religion catholique. Un édit de jan-
vier 1686 ordonna que les enfants de cinq à
seize ans fussent enlevés à leurs parents
hérétiques et remis à des parents catholiques,
ou, s'ils n'en avaient pas, à des catholiques
désignés par les juges! » (H. Martin, *Histoire
de France*, t. XVI, p. 50.)

Malgré les mesures terribles édictées contre
eux, un grand nombre de protestants pré-
fèrent quitter la France plutôt que d'abjurer.
La patrie se trouve ainsi privée de deux cent
à deux cent cinquante mille de ses enfants,
les plus instruits, les plus intelligents, et
non les moins dévoués. L'armée et la marine
voient disparaître leur élite ; des industries,
celle de la soie entre autres, reçoivent, par le
départ de leurs meilleurs ouvriers, qui vont
doter de leurs procédés et de leur adresse des
pays rivaux, un coup dont elles ne revien-
dront de longtemps, dont certaines ne revien-

dront même jamais. Berlin, ville jusque-là peu peuplée et sans nulle importance industrielle, Berlin, fécondée par le travail et par la pensée des émigrés français, commence à prendre son essor, à devenir une capitale;... et qui sait s'il ne faut pas chercher dans le développement qu'elle dut à nos compatriotes persécutés d'alors, la cause indirecte, mais fatale, de nos désastres de l'année terrible.

Par cet acte, si gros de conséquences, « la plus grande et la plus belle chose qui ait été imaginée », d'après l'aimable et sensible Mᵐᵉ de Sévigné, des consciences sont violées, des existences anéanties, des familles détruites, la France en partie dépeuplée; mais Louis le Grand s'est réconcilié avec le Ciel... du moins il se l'imagine.

Ainsi des larmes, des ruines et du sang, voilà le plus clair de l'œuvre de la force quand elle est au service d'une croyance qui veut s'imposer.

Et peut-elle, du moins, quelque chose, cette force, sur les consciences qu'elle opprime? Non, rien. Ce sera en vain qu'elle aura multiplié les violences et les excès. Elle sera bien parvenue, peut-être, à décider des hésitants, à arracher à la faiblesse des abjurations apparentes, à imposer par la crainte des démonstrations hypocrites; mais il lui aura été impossible de changer les vrais sentiments de

l'âme, de l'obliger à croire ou à ne pas croire,
de la contraindre à admettre comme vrai ce
qu'elle estime faux et comme juste ce qu'elle
trouve inique.

Le calcul des persécuteurs est donc déjoué,
pour la plus grande partie; par conséquent,
ils ne sont pas seulement d'odieux tyrans; ils
sont encore des imbéciles...

Mais à quoi bon, va-t-on me dire, tous ces
exemples et toutes ces histoires? Nous ne
sommes, nous, bonnes gens, ni un tribunal
souverain comme celui qui a condamné
Socrate, ni des monarques absolus comme
ceux qui ont persécuté les Albigeois, les Vaudois et les protestants. Quand même nous
voudrions nous livrer comme eux à l'oppression et à la violence, nous ne le pourrions pas.
Qu'avons-nous à faire, dès lors, de semblables
récits, et en quoi pouvons-nous en tirer un
profit individuel?

En quoi? je vais vous le dire : Nous ne
sommes, vous et moi, il est vrai, ni des
membres de l'aréopage d'Athènes, ni le pape
Innocent III, ni les rois François Ier ou
Louis XIV; aucun de nous ne dispose, personnellement, d'une puissance suffisante pour
faire à ses concitoyens beaucoup de bien ou
beaucoup de mal; cela est bien certain! mais
ce qui est non moins certain c'est que, de
par les lois de la société moderne, nous possé-

dons chacun une parcelle d'un pouvoir réel et redoutable, et que toutes ces parcelles, mises en faisceau par le suffrage universel constituent une force aussi grande, sinon plus, que celle dont disposaient ces potentats. Nous pouvons, par conséquent, si nous le voulons, et suivant le choix que nous faisons des délégués de notre souveraineté, ou bien affirmer notre respect de la conscience d'autrui, ou bien exiger que telle croyance de notre choix écrase ou supprime tout ce qui n'est pas elle. A plus juste titre que Louis XIV, nous pouvons dire : « L'État c'est nous », et il ne dépend que de nous que l'ère de la liberté continue, ou que celle des persécutions recommence. A ce point de vue, il n'était point hors de propos de rappeler le passé et ses tragiques histoires, car le sentiment d'horreur qu'elles inspirent doit nous guider dans le présent et dans l'avenir.

Mais s'il est vrai que collectivement l'intolérance de chacun puisse et doive même être la source d'événements désastreux et formidables, est-ce à dire qu'elle est moins nuisible quand elle s'exerce d'individu à individu?

Il est beaucoup question, en ce moment, de la peste,

« Ce mal qui répand la terreur »

et qui, dit-on, est à nos portes. Eh bien, la

vraie peste, infiniment plus mauvaise et plus
redoutable que l'autre, car elle ne s'attaque
pas aux corps mais aux âmes, et qui, celle-ci,
n'est pas à nos portes, mais dans nos murs,
dans nos maisons, à nos foyers, bien et dûment
installée comme chez elle, c'est l'intolérance.
Il suffit, hélas, et nous avons pu nous en
convaincre tous ces temps derniers par une
expérience cruelle, il suffit de quelques êtres
humains qui en soient contaminés pour que
le mal se propage de proche en proche et
prenne les proportions les plus effroyables.
Et le résultat : des haines,. changeant en
ennemis irréconciliables les meilleurs amis
de la veille, et creusant les divisions les plus
profondes parmi les familles naguère les
plus intimement unies; l'estime, l'affection,
l'amour remplacés par le mépris, l'antipathie
et la répulsion.

Se trouvera-t-il quelqu'un pour prétendre
que je noircis le tableau à plaisir?... Il n'est
même pas nécessaire, pour reconnaître que
je ne le charge point, d'ouvrir certains journaux, où l'outrage, tarifé à tant la ligne,
alterne avec les appels à la proscription et au
massacre. Qu'il nous suffise de regarder autour de nous, et même sans sortir du centre
le plus restreint. A qui n'a-t-il pas été donné
d'entendre des paroles de haine et de violence
proférées par des personnes qu'on était habitué

à considérer comme sages et bienveillantes;
et qui, parmi nous, pour s'être rendu cou-
pable de ne pas sacrifier à la mode et aux
passions du jour n'a eu à essuyer les sar-
casmes ou les invectives de quelque énergu-
mène de fraîche date? Pour répondre à une
pareille question est-il si nécessaire de faire
de longs appels à ses souvenirs?

Et, malheureusement, elle est si générale,
cette contagion dont je vous signale les la-
mentables effets, que, si nous faisons très
loyalement notre examen de conscience, il
sera bien extraordinaire, comme je le faisais
pressentir tout à l'heure, qu'aucun de nous
s'en reconnaisse absolument indemne.

J'entends bien que nous n'avons, ni les uns
ni les autres, persécuté personne. Nous
n'avons jamais pris à la gorge celui dont les
idées étaient opposées aux nôtres, en lui
criant : «Abjure ou je t'étrangle.» Non, certes;
mais il est des degrés dans l'intolérance
comme dans toutes les choses humaines, et il
est plusieurs de ces degrés que nous avons
tous plus ou moins franchis.

J'ai défini plus haut la tolérance : « le respect de la conviction d'autrui». Or, respecter
la conviction du prochain, ce n'est pas seulement s'abstenir de violenter sa conscience,
mais c'est aussi estimer cette conscience à
l'égal de la nôtre. Nous avons une certaine

manière de voir que nous devons à nos propres
réflexions ou que nous avons empruntée à
l'opinion des autres ; nous la croyons bonne,
et en cela nous sommes parfaitement sincères.
Eh bien, en général, n'avons-nous pas une
tendance fâcheuse à accuser ou tout au moins
à soupçonner de mauvaise foi ou de sottise
quiconque ne pense pas comme nous, la dif-
férence ne fût-elle que dans les nuances ?

Autre chose : lorsque dans une discussion
avec un ami, quelque intime qu'il soit, nous
différons de sentiment, surtout en politique ou
en religion, ces deux pôles de la discorde, n'est-
il pas vrai que, le plus souvent, nous ne
sommes pas sans éprouver contre notre adver-
saire des mouvements de dépit ou même
d'aigreur, et que souvent cette impression
fâcheuse est la première atteinte portée à la
solidité de notre affection ?

Voilà, si je ne me trompe, de l'intolérance ;
en proportions réduites, il est vrai, mais qui
n'en constitue pas moins un germe suscep-
tible de développements funestes. Je fais
appel à la sincérité de tous. Qui de nous,
s'interrogeant sans arrière-pensée, pourra
déclarer résolument : « Je ne fus jamais cou-
pable ! »

Qu'on se dise bien ceci : « Je ne dois pas
me croire meilleur que mes adversaires ; si
je suis certain de ma bonne foi, je n'ai pas

le droit de mettre la leur en doute. Nous ne pouvons, eux et moi, nous comprendre ou nous convaincre : c'est que peut-être ils ont, pour étayer leurs idées, des raisons qui m'échappent, ou que, simplement, comme disait Sarcey, « nous n'avons pas le cerveau fait de même ». Où puiserons-nous, si ce n'est dans notre orgueil, l'autorité qui nous constituera juges entre la valeur du nôtre et celle du leur? Si nous nous rendons à nous-mêmes cet hommage de reconnaître que ce n'est pas sans motifs sérieux — et désintéressés, cela va de soi — que nous admettons telles ou telles idées, que nous nous passionnons pour tel ou tel principe, pourquoi faire à nos adversaires l'injure de supposer que leur manière de comprendre les choses est moins bien fondée ou moins honnête que la nôtre?»

« Je suis, dites-vous, en possession de la vérité, *j'en suis sûr!* » — « Mais, mon ami, eux aussi *en sont sûrs*. Que vous soyez dans le vrai, j'en suis persuadé; mais rien ne me dit qu'ils n'ont pas raison non plus. »

— « Ceci, allez-vous me répondre, c'est impossible. La vérité est absolue et exclusive; et quand elle règne dans un camp, on ne saurait la trouver dans le camp adverse. »

Il y aurait peut-être fort à dire là-dessus, et nous pourrions, sans trop de subtilités, établir la distinction entre *les vérités* et *la vérité;*

mais cela nous entraînerait bien loin, dans les champs ardus de la métaphysique, et là, sans doute, il se rencontrerait plus d'une pierre d'achoppement contre laquelle notre tolérance réciproque pourrait trébucher. Ce serait d'ailleurs en dehors du sujet; mais je ne pense pas en sortir en introduisant ici une citation d'un livre charmant, très sérieux sous une apparence légère, un peu oublié aujourd'hui, mais qui eut son heure de grand succès sous le second Empire : *Paris en Amérique*, de Laboulaye.

A quel point devons nous croire à l'infaillibilité que chacun de nous a une tendance à s'arroger en pareille matière? C'est ce que va nous montrer ce fragment de conversation entre le Dr Lefebvre, Français et catholique et le yankee Naaman, ministre presbytérien. Le docteur (c'est lui qui parle) s'étonne d'entendre son interlocuteur admettre que les sectes protestantes, autres que celle à laquelle il appartient, ne sont pas dans l'erreur.

— « Je supposais, excusez mon ignorance, que la vérité était une, et que la marque de l'erreur était de se diviser à l'infini.

— « Docteur, dit Naaman un peu ému de ma vivacité française, quand vous êtes en mer, et que vous voulez savoir l'heure, comment faites-vous?

— « Je demande l'heure au soleil, et le

soleil me la donne. Est-ce par un apologue que vous prétendez me répondre? A mon âge, cher Monsieur, on a peu de goût pour les exemples ; on n'accepte que les raisons.

— « Je suis jeune, docteur ; j'ose compter sur votre indulgence, répondit Naaman avec un aimable sourire. Le soleil nous donne l'heure. Quand il est midi à Paris, pourriez-vous me dire quelle heure il est à Berlin?

— « Non ; tout ce que je sais, c'est qu'un télégramme expédié de Berlin à onze heures est reçu à Paris vers dix heures et demie, c'est-à-dire qu'en apparence il arrive trente minutes avant d'être parti. Au reste, il n'importe ; je vous accorde que, lorsqu'il est midi à Paris, il est une heure à Berlin, deux heures à Saint-Pétersbourg, et, si vous voulez, neuf heures du matin aux Açores et sept heures à Québec. Tout dépend du méridien.

— « Ainsi, dit Naaman, c'est partout le même soleil et ce n'est nulle part la même heure, comment cela se fait-il?

— « Décidément, repris-je, vous êtes astrologue, et vous voulez faire de moi un adepte. Je vous réponds, monsieur le professeur : c'est le même soleil, vu de points différents.

— « Encore une question, Docteur, et je vous demanderai grâce pour mon indiscrétion. Entre toutes ces heures, quelle est la vraie?

— « Singulière demande! L'heure est

vraie pour chacun, puisque pour chacun le soleil se lève ou paraît se lever à un point différent, Monsieur le professeur est-il satisfait de son élève en barbe grise?

— « Oui, Docteur, je vois que nous sommes d'accord en théologie comme en astronomie.

— « Monsieur Naaman, lui dis-je, je commence à vous comprendre. La vérité, pour vous, c'est le soleil, que nous voyons chacun suivant l'horizon qui nous enferme. Il est midi, sans doute, à l'Eglise presbytérienne, tandis que l'heure est passée pour les baptistes et n'est pas encore venue pour les méthodistes. Qui sait même si on ne place pas les catholiques aux antipodes? C'est une façon ingénieuse d'accorder l'orgueil et la charité.

— « Monsieur, dit Naaman en rougissant, vous me faites tort. Vous avez saisi ma pensée, vous vous méprenez sur mes sentiments. Oui, pour chaque Eglise, j'oserai dire pour chaque chrétien, je crois qu'il y a un horizon différent. La naissance et l'éducation nous donnent le point de départ; à nous, maintenant, de marcher vers cette vérité qui nous appelle; à nous de nous en approcher sans cesse, à force d'étude et de vertu. Qu'il y ait des Eglises mieux éclairées par la divine lumière, je le sens, mais je ne doute pas davantage que dans l'Eglise la plus obscure on ne puisse trouver le meilleur chrétien. C'est un grand avantage d'être placé près du soleil, ce n'est pas toujours une raison pour le voir mieux. Voilà, Monsieur, pourquoi j'aime mon Église presbytérienne, et pourquoi, néanmoins, je ne damne personne... »

La profession de foi que fait le bon Naaman au point de vue exclusivement religieux ne devrait-elle pas être, pour toutes les formes de la pensée, pour toutes les manifestations de la conscience, le programme de quiconque se pique de justice et de bon sens? Conservons précieusement notre foi politique, philosophique ou religieuse; tenons à ce qu'elle soit respectée, cela c'est notre droit, notre devoir même; mais... gardons-nous de damner personne.

Ne perdons jamais de vue que les efforts de l'homme ne peuvent qu'être en rapport avec son infinie petitesse; que, s'il lui est difficile de gravir les hauteurs du mont Blanc, il lui est impossible d'atteindre le sommet autrement inaccessible de la vérité absolue, et que ceux qui s'accrochent pour grimper, aux aspérités d'un des versants de la montagne, ne doivent pas condamner ceux de l'autre versant parce qu'ils ne la contemplent pas sous le même aspect.

Rappelons nous toujours que l'intolérance est une arme meurtrière, qui divise la société contre elle-même, qui détruit la famille et allume la guerre entre les amis, mais que cette arme se retourne contre ceux-là mêmes qui s'en servent, et qu'au contraire la tolérance, faite de justice, d'humanité, de bonté et de bienveillance, est à la fois le lien social par excellence et le couronnement des vertus de l'homme de bien.

Mais il est temps que je m'arrête, et je crois avoir suffisamment montré :

Que de toutes les choses dont l'homme revendique la légitime possession, la propriété la plus inviolable et la plus sacrée est sa conscience.

Et que le plus grand crime, dans son principe comme dans ses conséquences, qu'il puisse commettre contre son semblable, c'est d'attenter à cette propriété.

Mais, si les exemples d'intolérance sont nombreux à ce point que l'on n'ait, pour les citer, que l'embarras du choix, on est heureux aussi lorsqu'on a la bonne fortune de rencontrer des traits de tolérance. Il en est un tout récent que je ne veux pas passer sous silence.

Pendant la guerre hispano-américaine de 1898, il y avait à Cuba, parmi les soldats américains, un certain nombre de juifs qui, n'ayant pas de rabbin, se trouvèrent, à un certain moment fort en peine, l'époque d'une de

leurs grandes fêtes religieuses étant arrivée.
Cependant, un homme, touché de leur embarras, s'offrit, à défaut de prêtre de leur religion, pour leur donner les instructions d'usage.
Or cet homme de bonne volonté, c'était
un aumônier catholique ; il fut accepté, et
il s'acquitta de sa mission avec le tact le
plus exquis, et de manière à ne pas effarou-
cher les consciences de ses nouvelles ouailles,
eussent-elles été des plus susceptibles. Loin
de leur lancer ces anathèmes auxquels les juifs
sont trop habitués de la part de ceux qui ne
sont ni de leur religion ni de leur race, le
digne représentant d'un Dieu de paix et de
charité se félicita hautement, devant eux, de la
bonne fortune qui lui était échue d'avoir à
faire entendre la bonne parole aux descendants d'un peuple vénérable par sa haute antiquité et par la grandeur de ses croyances,
l'aïeul spirituel des nations chrétiennes.

A notre époque de trouble et d'indécision,
cet acte si net de tolérance, tout simple, et
tout naturel qu'il paraisse à bien des esprits,
ne mérite-t-il pas d'être remarqué ?

Pour terminer, il ne sera peut-être pas inu-
tile de rappeler ces paroles de Voltaire (c'est
toujours à lui qu'il faut revenir quand il s'agit
de tolérance) où toute la question se trouve
résumée en quelques mots :

« Nous devons nous tolérer mutuellement,

parce que nous sommes tous faibles, incon-
séquents, sujets à la mutabilité, à l'erreur :
un roseau couché par le vent dans la fange
dira-t-il au roseau voisin couché dans un sens
contraire : « Rampe à ma façon, misérable, ou
je présenterai requête pour qu'on t'arrache
et qu'on te brûle ? »

Que chacun de nous, pauvre roseau — plus
ou moins pensant — soit charitable et doux
pour les autres roseaux, ses frères, nés du
même limon, éclairés et chauffés par le même
soleil ; qu'il les relève et les redresse, mais
sans les briser, et surtout qu'il ne demande
jamais qu'aucun d'eux soit arraché ou brûlé.
En d'autres termes, aimons-nous ou, tout au
moins, si l'effort est au-dessus de nos moyens,
tolérons-nous les uns les autres.

TABLE

—

Tours. — Imprimerie Deslis Frères.

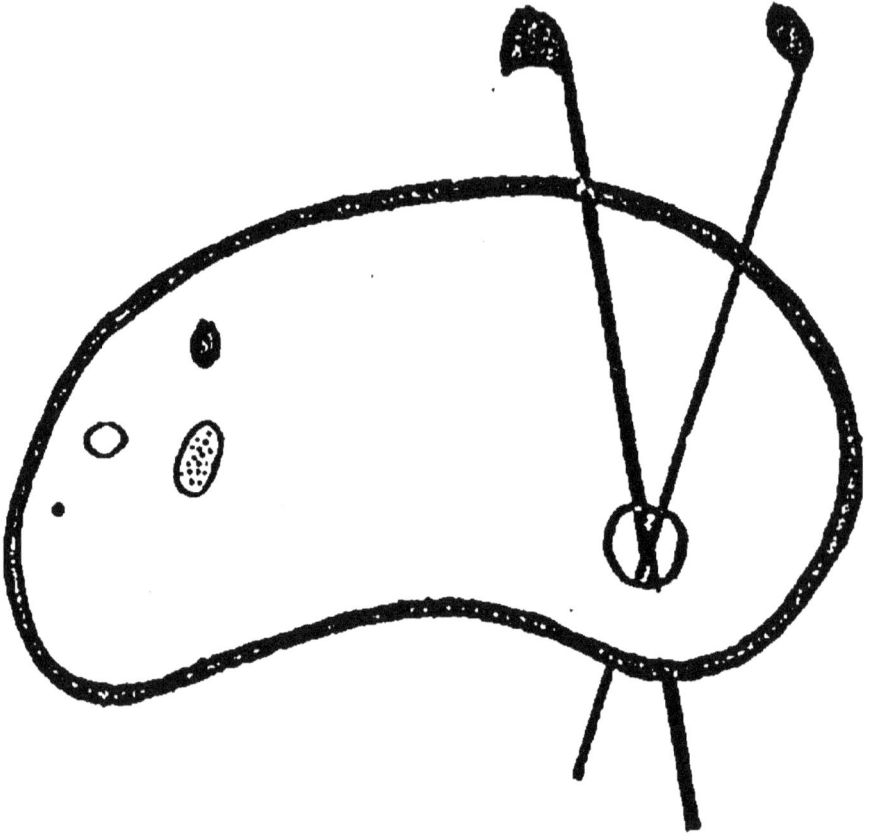

ORIGINAL EN COULEUR
Nº Z 43-120-8